それゆけ！ザンネン男子

ザンネン男子とは

その破天荒な行動で母を悩ますヤンチャ系男子とは
一線を画す、気が弱くて平和を好む、草食系小学生男子。
ビビリな上にマイペースなので、あっちでケンカが
勃発していてもこっちでのんきにブランコに乗っていたりする。
やさしくていいヤツであることに間違いはないのだけど、
その行動や言動はちょっとズレていて、
なんだか、ザンネンなのである。

この本に登場するザンネン隊は、
隊長リス太、副隊長ワン太が「ザンネン」をリードする、
草食系サッカー男子グループ。
毎日やってても飽きないくらいにサッカー大好き。
が、全員かなりのビビリキャラ。
サッカーの試合でも、ビビって焦ってキンチョーして、
コーチや親にどやされる日々。
サッカーや勉強がデキる同級生に憧れつつも、
基本的にはマイペース。
そして、ザンネンなトラブル多発の、
愛すべき男子たちなのである。

アミューズメントパークに行けば、幼児用コースター前でビビりまくるザンネン隊。
男子のくせにスリルを求めないのもザンネン男子の特徴。

それゆけ！ ザンネン男子
CONTENTS

ザンネン男子とは ……… 2

第1章 リス太のザンネンな日々 ……… 5

第2章 "ザンネン友だち"ワン太のザンネン ……… 55

第3章 そしてザンネンな仲間たち ……… 65

おわりに ……… 94

第1章 リス太のザンネンな日々

- ＊2006年2月 東京生まれ
- ＊サッカー大好き。リフティング超得意
- ＊クリスティアーノ・ロナウド大好き
  - →好きな国はポルトガル
  - →フランシスコ・ザビエルもなんか好き
- ＊アディダスの20%OFFチケットで
  買いたいものは、「ナイキのトレシュー」
- ＊じゃんけん弱い。友達とじゃんけん
  100回勝負したら、92回負けた
- ＊実は超負けず嫌い
- ＊だいぶ、泣き虫
- ＊勉強は大嫌い。でも、先生が怖くて、
  宿題はためられない
- ＊いじめっ子には立ち向かえないぶん、
  いじめられた子の
  フォローに回るタイプ
- ＊ケンカ反対
- ＊出川は神
- ＊ケーキより饅頭

リス太の名言集

学校で「オトコ」をひいた（小5）

　　↑ひいたのはお琴ですね

ねえねえ、あの人って
マイホームかな？（小5）

　　↑いいえ、多分ホームレス…

今日はなんだか
みずみずしいねー（小5）

↑ムシムシするって
　意味ですか？

明日は長い半ズボンで学校に行くから（小4）

　　↑つまりそれは長ズボン？

オレ、自分のチッソク型調べたい（小4）

　　↑血液型のことですか？

「あの人、しんにゅうしゃ？」（小3）

　　↑あの人は、新入社員です

「さっき、クリスティアーノ・ロナウドがいた！
絶対本物！」（東京・吉祥寺にて。小3）

「明日6時半に起きて宿題やって、45分に
紙兎ロペ見て、また、続きやる！」（小4）

「あー、間違って、先生のドリル、もってきちゃった〜」（小3）

「なんで、オレの地図帳、2冊あるんだろ？？？」（小4）

「ねーねー、ママが結婚したとき、新聞に載った？」(小3)

「え？ 博多のおばあちゃんって、
ママのお母さんなの？
おねえちゃんだと思ってた！」(小1)

「妖怪ウォッチの夢を見たいから、
妖怪ウォッチの歌かけて〜」(小3)

「オレねえ、ひらがなで一番好きなのは、ふ」(小3)

「武井壮ってね、いっぱいチキンナゲット食べてて、
あと20年くらい食べ続けたら、背中に羽が生えて
飛べるかもしれないんだって！」(小2)

「モモンガ、飼いたい！」(小2)

「え？ 次オランダ？」(小1)

↑五反田です

「ぼくはかんじを
いっしょうけんめいがんばって、
あたまがうまくなりたい」(小1)

「やったー、即死でできる！」(小5)

↑速攻でできる、と言いたかった模様

第1章 リス太のザンネンな日々

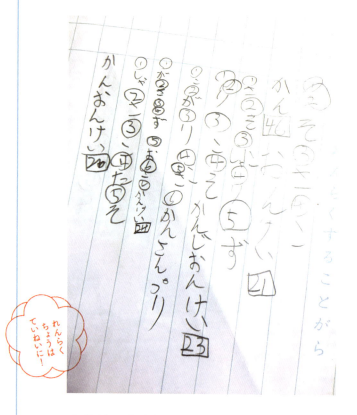

れんらくちょうはていねいに!

時間割は徹底的に省略して書きたい派。

2学期の目当て

まずは、「き」がちゃんと
書けるようになりましょう。

第1章 リス太のザンネンな日々

イコールなし

１＋９１０⁉
ちなみに②はイコールが書けてても
×ですから！ 残念！

> １＋９１０は
> ９１１だな！

建物の名前

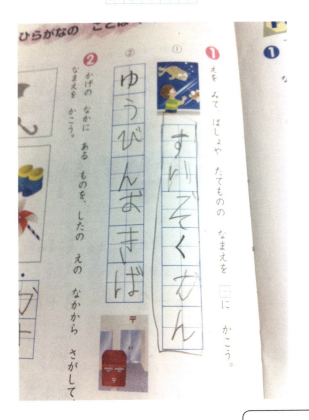

不幸にも文字数ぴったり。
本人的には達成感いっぱいの
回答だったかと。

ん？ これ
本当の答えなに？

漢字のテスト

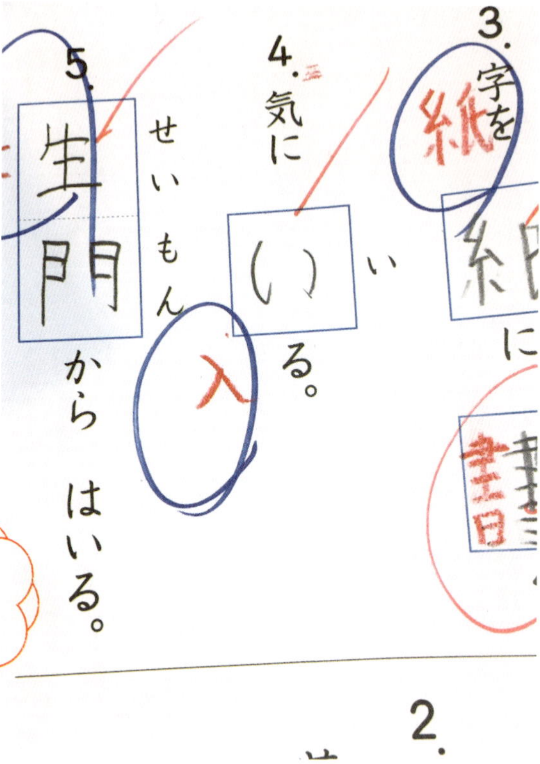

3. 字を 紙 に 書く

4. 気に いる。

5. せいもん から はいる。
   生門

こたえはよく みなおし ましょう

堂々とした「い」の文字が虚しい……。
左の「生門」という誤答さえ、かすみます。

きょうしつ

室に入る。

下の「室」が与える
サブリミナル効果でしょうか?

下に答えが
書いてあるからさあ

第 1 章 リス太のザンネンな日々

あつめる

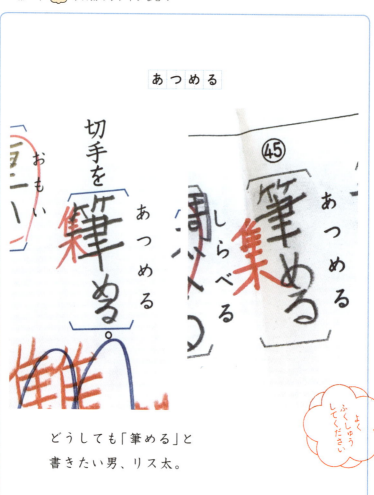

どうしても「筆める」と
書きたい男、リス太。

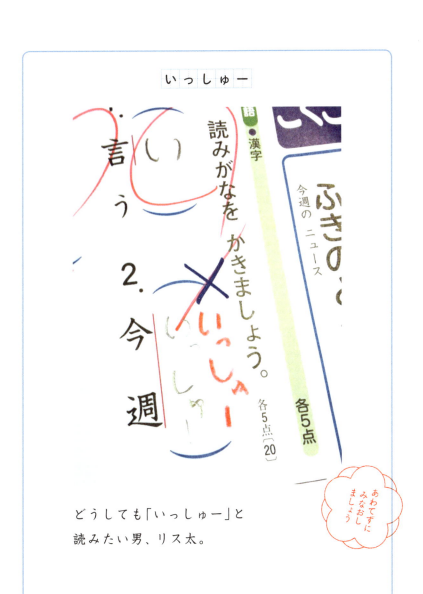

どうしても「いっしゅー」と読みたい男、リス太。

新しい漢字

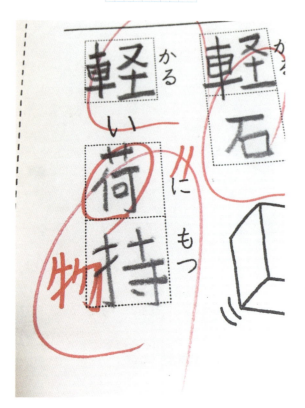

「荷物を持つ」を略して「荷持」?
うっかり丸をつけた先生の
気持ちはわからなくもない。

合ってるんじゃね?

三角形の名前

3 つぎの三角形や四角形の名前を書きましょう。

各5点

ア（四角形）イ（三角形）ウ（長~~方形~~せい方形）ちょ~~角~~三角形

4 かさをくらべて、□にあう＞かくのしる を書きましょう。

各5

なぜ、ウだけちゃんと
答えられたのか謎である。

は？
三角形じゃん

第 1 章　リス太のザンネンな日々

カタカナの例文 1

本場にこだわる国際派。

アイスランドで氷、食べたい

カタカナの例文2

だから、英語の「エル」もしゃべる。

がぎょうざぎょう

指示に忠実に従う男、リス太。

オレ、
出川みたいー（爆笑）

〈れい〉のトラップ

太陽とコケコッコーの存在は
いっさい無視。

ただの決意

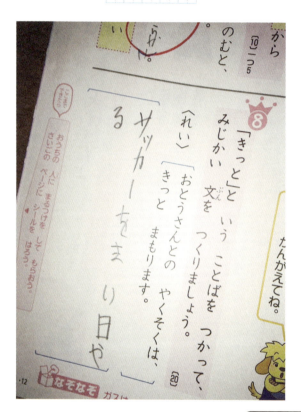

こちらも完全に〈れい〉に
引っ張られたパターン。

例があるから間違った

まさかの急展開

4 グミが1ふくろに5こずつ入っています。ふくろは7ふくろあります。
グミは全部で何こあるてしょう。かけ算の式に書いて答えましょう。

式 ($5 \times 7 = 35$)

答え (35こ)

6×3 の式になる問題を作りましょう。
□にあてはまる数を，(　)にはあてはまる言葉を書きましょう。

(1) プリンが1箱に 6 こずつ入っています。

箱は 3 箱あります。

プリンは（プリントは、ぜんぶで何まいでしょ

「プリン」の話を
「プリント」の話に
変えてしまうパターン。

俺、プリン嫌いだから

ていねいにお断り

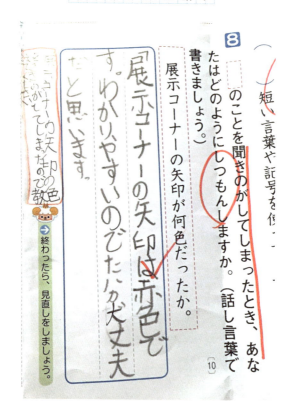

あえて質問する必要はないらしい。

No Thank you的な？

いずれにしろ、リス太は人前で
「ボルトぷうづ」ができる
キャラではありません。

これ何年の時？
ボルトって
前からいたんだー

| と | も | き | く | ん |

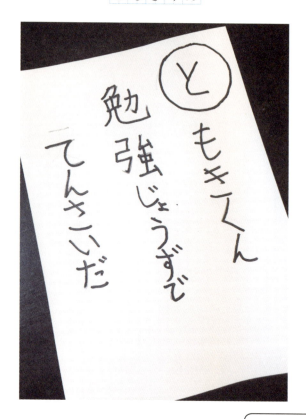

リス太くん、
べんきょう苦手で、
ザンネンだ。

トモキ、
天才だよ

できごえ

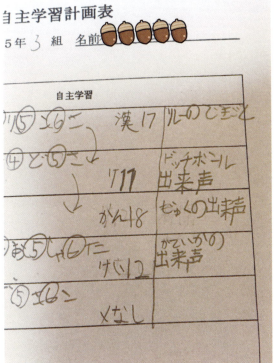

「出来声」とは？
5年生で
この間違い……（ため息）。

できごえって何？

先生よかった

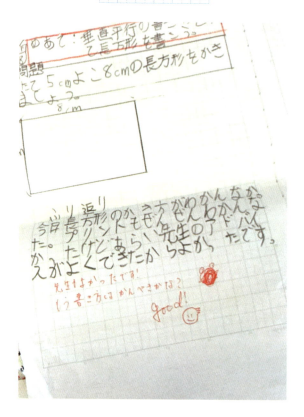

先生にまさかの上から目線。

消しゴム

> こたえましょう。
>
> ④ あおい ビーだまに 目を ちかづけて のぞいた ようすを、どのように はなしましたか。（ ）の なかの あう ことばを かきましょう。
>
> （うみ）の そこみたいでした。
>
> たくさん みえて、みたいな あわが
>
> けしごむは？

うみ・つぶつぶ・きらきら

本人的にはキレイに消したつもりなのだと思われる。

消しゴム、めんどくさい

だいちくんとりゅうきくんと……

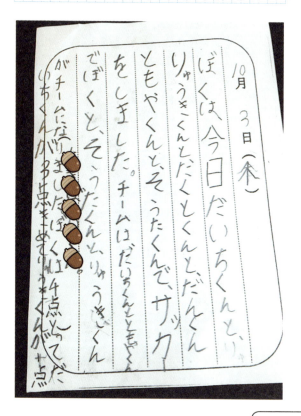

> 10月3日(木)
> ぼくは、今日だいちくんと、りゅうきくんとたくとくんと、だんとくんとともやくんと、そうたくんとをしました。チームはだいちくんとともやくんでぼくと、そうたくんと、りゅうきくんがチームになりました。ぼくは4点とってだいちくんが5点とってりゅうきくんが4点

友だちの名前の列挙するのに行の大半を使ってしまった結果、肝心なところでスペース不足に陥った模様。

だっていっぱいいたから

ふくい？？？

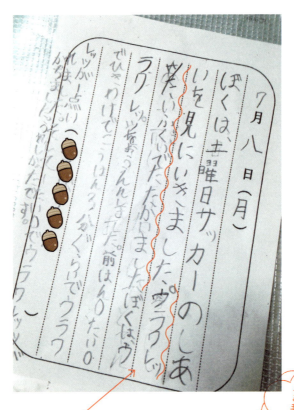

浦和レッズ対ヴァンフォーレ甲府を
見に行ったはずが、
なぜ「ふくい」？

にっきはせいかくにかきましょう

本当の話

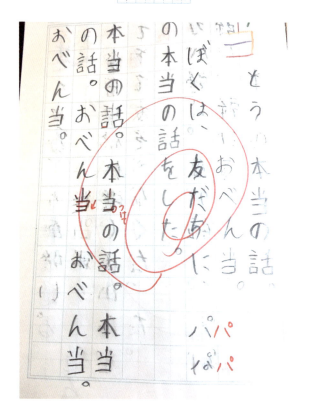

友だちも知らないパパの本当の話とは!?

不満　　　　　物騒

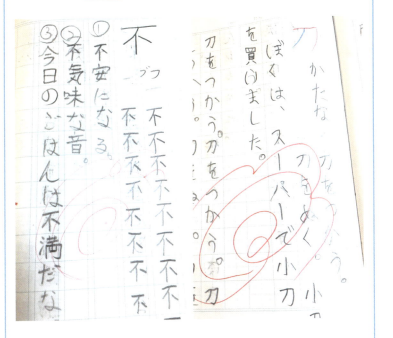

リス太が考える例文は毎度
いろいろと含みがある……。

第1章 リス太のザンネンな日々

ない歌を歌って85点で負けちゃいました、ぼくは、次にゆう気100％をうたいました、それは、すごくとくいで86点でした。次は、お父さんのばんです。お父さんは、また知らない歌を歌って80点で勝ちました、ぼくはさい後にひまわりのやくそくを歌ってお父さんは、90点をだしてぼくは、負けちゃいました

勝ったりしたけどお気に入りのくつが見つかるといいね。
クリスマスまでにお父さんとのカラオケ合せんは楽しそうですね！
お父さんも歌がすきなんだね

ちがってうれしかったで

息子を自分の買い物にさんざん付き合わせ、カラオケでは息子の知らない歌を延々と歌うこれがパパの「本当の話」。

お父さんとカラオケ

 ぼくは、楽しみな日曜日にサッカーの練習がないカラオケだったので新宿に行きました。そこではお父さんのうさぎやぼくのクリスマスプレゼントにもらうサッカーのくつを見に行きました。お父さんは、何回もうさぎの「うってる所に行ったけどじまいちだ」と何回も言って歩いてきました。のがなかったので買うのをやめました。そしてカラオケに行きました。ぼくは、ゲラゲラポーの歌を歌お父さんと点数でしょうぶしました。ぼくは、よいしょ

て84点でした。お父さんは、知らない歌を歌って82点でぼくが勝ちました。次に歌ぼくは、となりのトトロを歌って80点でした。次にお父さんは、またぼくが知ら

すごい！

映画鑑賞

夜になって、えいがを見ることにしました。そのえいがはマイケロンです。ぼくは、そのえいがが見たくて見たくてにまりませんでした。ぼくは、おもしろすぎてばくしょうしてしまいました。40分ぐらいしたら、まだぜんぜん終わってませんでした。パパはいびきをかいてしまっていました。でもぼくは、このえいがを見てゆう気をもらいました。1人でニューヨークなんてぼくでは、まだできません。命をかけてあそぶ

こまでするなんてすごいです。ぼくも悪い人にまけないようにゆう気のある子でいたいです。

雨の日だからこそ、DVDをゆっくり見て感動するえい画を見られてよかったね。雨の日のいい過ごし方が見つかったね。

そして息子が勇気をもらっているその隣で、
いびきをかいて寝てしまう。
これもパパの「本当の話」。

創作話

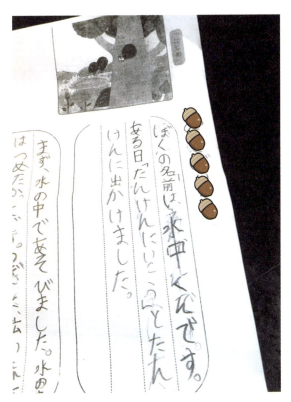

木の上に住んでいるのに
「水中くん」。

あ、まちがった！

最終結果

> 6/2 今日ぼくは、サッカーの試合をハルでかいかえいました。ハンガリー対ポルトガルの試合を見ました。ポルトガルは決勝トーナメントに出れるかわかりません。ハンガリーはまだ一回も勝ってなくて、引き分けか勝ちじゃないと決勝トーナメントにいけません。ハンガリーは1勝1分なのでそう来ました。試合がはじまると最初1点をとったのはハンガリーでした。でもポルトガルも1点とって1対1になりました。その後も続いて3対3になりました。そして
>
> すごくはくねっしたしあいだったので見てて楽しかったです。
>
> けっきょく、どちらが勝ちましたか？

> しゅくだいは けいかくてきに

日記の宿題を登校前にあわてて
書き始めたものの、前フリが長すぎて、
時間切れになり、雑にまとめた結論。

ハメスさま

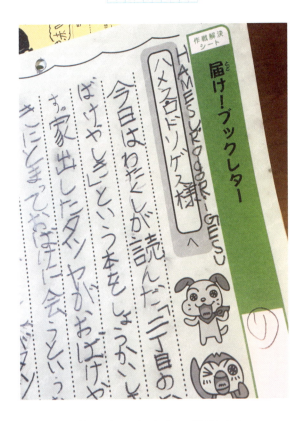

憧れの大物に宛てたゆえの緊張感か、
「わたくしが」などと妙にあらたまる。

ロナウドさま

クリスティアーノ・ロナウドが読む「ふしぎなかぎばあさん」。なかなかシュールである。

だって、好きな人に書けって言われたから

いいね

なぜここに「いいね」を
書く必要が？

なんか、
書きたくなった

いいね、取り消し

そして後日、
取り消される「いいね」。
何があった？？？

> 忘れた

緊張問題

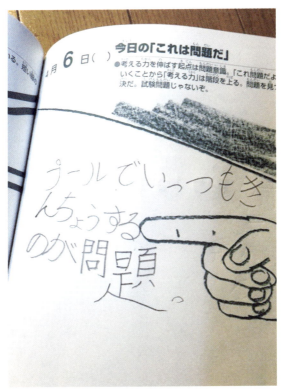

あまりに個人的すぎる
問題である。

第1章 リス太のザンネンな日々

得意なこと

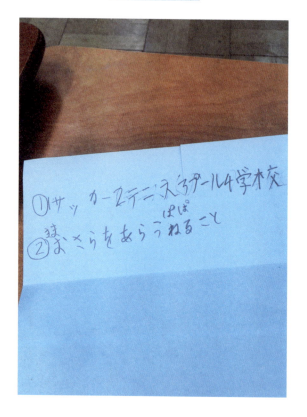

先生からの質問
① 今楽しいことは？
② お父さんとお母さんが得意なことは？

父の日カード

父の日のカードなのに
いきなり自分に宛ててしまうという
痛恨のミス。

怒ると怖い鳥

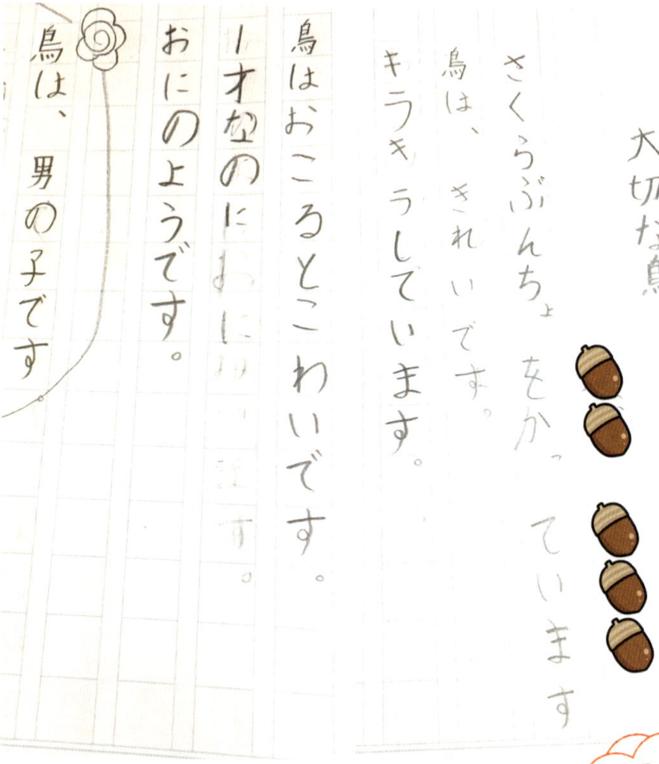

大切な鳥

さくらぶんちょをかっています
鳥は、きれいです。
キラキラしています

鳥はおころとこわいです。
1才なのにおにのようです。

鳥は、男の子です。

「大切な鳥」だけど、
絶対に怒らせてはいけないらしい。

かまれないようにきをつけましょう

| じ | く | う | 力 |

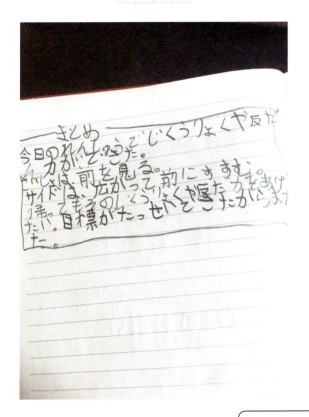

「じくう力」とは!?
そして「判断」を
「反だん」と書き続ける
男の判断力は信用できません。

は？これ、ダメなの？ん？

サッカーノート

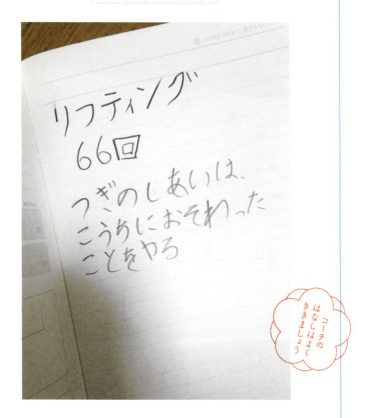

後日「コーチに言われたことって何？」
と聞いたら
「忘れた」と言われました。

大切なこと

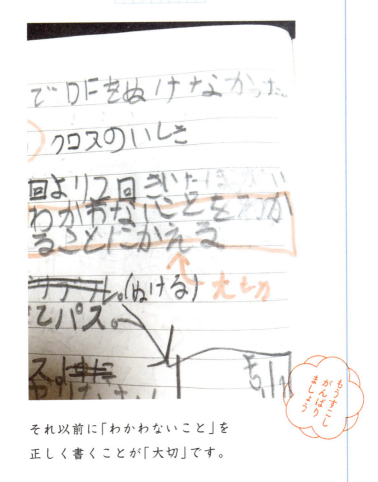

もうすこしがんばりましょう

それ以前に「わかわないこと」を
正しく書くことが「大切」です。

夏休みの川柳日記

9日 火	プール	プール	一年ぶりのプール 友達の家
10日 水	えいが	えいが	ツアーを見て みんなでおねがい
11日 木	大会	大会	勝るはずしたけど 勉強になった 一場だちたちになくなった
12日 金	テニス	テニス	
13日 土	試合	🌰🌰🌰	🌰🌰🌰としゃがんで 上げてして
14日 日	試合	🌰🌰🌰	🌰🌰🌰としないでやって 多になワた
15日 月	じゅく	プール	プールでは いなり浮生 あちゃった
16日 火	じゅく	プール	2連続 プリレいって つかれた
17日 水	合宿	合宿	試合では 🌰🌰に勝てない
18日 木	合宿	合宿	🌰🌰戦で 1点きめた
19日 金	えいが	えいが	えいがを見にいったら こんでいる
20日 土	練	おおあめ	あめのなか ダイビングヘッド できない
21日 日	温泉	温泉	ろてんに入って 温かくる! 曇りない
22日 月	温泉	温泉	一泊かい!馬尺こにくでいり おちそうで
23日 火	サッカー	サッカー	庭にも 剥もでもって ことう試
24日 水	プール	プール	プールでは 水泳のビーッ かうしれ
25日 木	宿題	宿題	しゅくだいやりたくないよ えいえんに
26日 金	テニス むじたきょう	にゅう	だいきょうび スマッシュがよいん できたよ
27日 土	じゅく	じゅく	夏休み 最後のじゅく うれしいな
28日 日	試合をみに いった	試合を見に いった	ぼくかが すごい試合を ありがとう
29日 月	宿題	宿題	おしたから 学校がはじまる いやだなぁ

「しゅくだいはやりたくないよえいえんに」と
8月25日時点で書いている時点で
かーなーりヤバい。そして実際、ヤバかった。

反省

> **学習のめあて**
> じゅんばんにべんきょうをすすめ夏休みの宿題を楽にすすめる。

> **生活のめあて**
> いつもの生活にはやらないことをやる。

> **振り返って**
> 宿題を計画たてずにやったからバタバタだった。生活でいつもやらないことをできたと思います。

夏休み最終日まで忘れていた「めあて」。
計画さえ立てておらず、完敗。
なにせ「しゅくだいはやりたくないよ えいえんに」ですからね。

> でも間に合ったじゃん

ローマ字

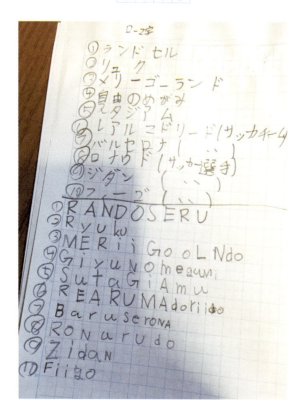

ローマ字練習の素材として
ふさわしいのか、はなはだ疑問。
というか、ローマ字の存在自体に
疑問が生じてくる。

なりたいもの

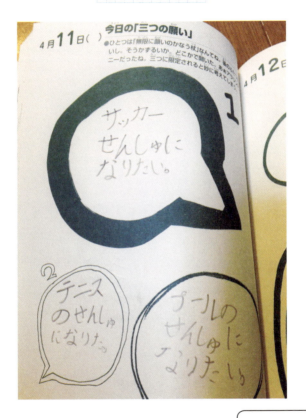

とりあえず、何かの
「せんしゅ」になりたいらしい。

プールはやめる

第 1 章 リス太のザンネンな日々

決 意

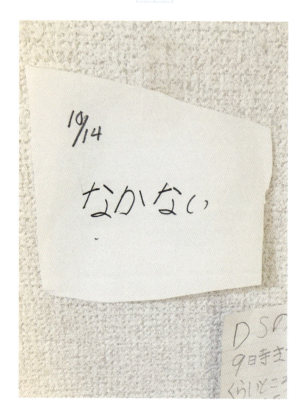

ある時突然決意して、
自ら紙の切れ端に走り書き。
思えば、あれば5年前。今もなお貼ってあり、
そして未だよく泣く。ザンネンである。

第2章 "ザンネン友だち" ワン太のザンネン

- ＊2005年10月 大阪生まれ
- ＊サッカー大好き ドリブル超うまい
- ＊平和主義すぎて、磨かれたトラブル察知能力あり
- ＊ケンカを仲裁しようとして逆に泣かされた経験あり
- ＊絵を描くのが得意
- ＊真田丸も大好き
- ＊高所恐怖症
- ＊小心者のくせに、宿題は大胆にためる
- ＊車にすぐ酔う。酔いそうな車に近づいただけで完璧に酔う（本人談）
- ＊出川は神
- ＊抹茶系スイーツが大好物

第2章 "ザンネン友だち" ワン太のザンネン

おじダルマ

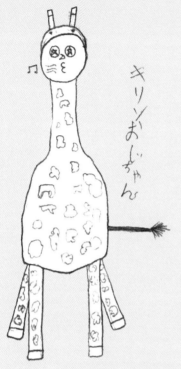

キリンおじちゃん

白虎おじちゃん

げんぶおじいちゃん

＊おちゃん、
おじいちゃんシリーズ。
基本、口笛を吹いてるのが
ワン太の画風であるらしい

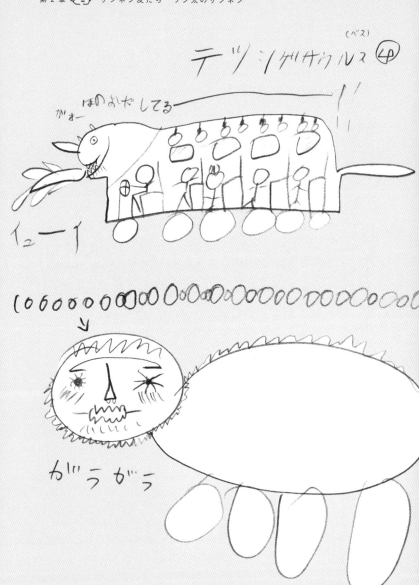

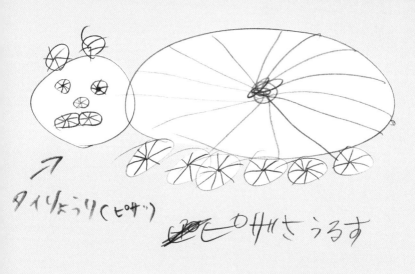

→ タイりょうり（ピザッ）

ピザさうるす

*なんだかよく
わからない恐竜シリーズ。
タイ料理への間違った
認識がうかがえる

レジェンド

←タイヤ

第 2 章 "ザンネン友だち" ワン太のザンネン

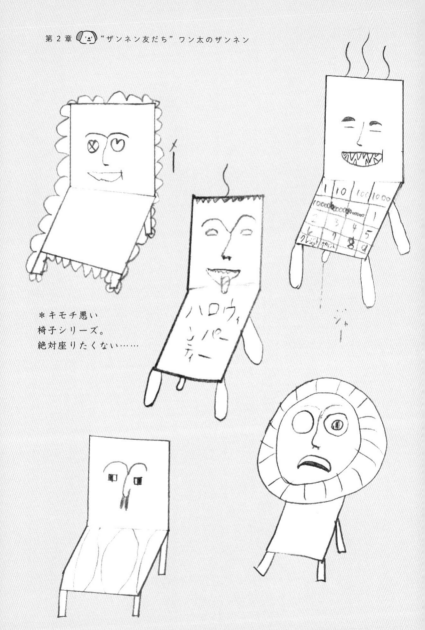

＊キモチ悪い
椅子シリーズ。
絶対座りたくない……

友だちと
あそび
ます。

※しゅくだいはあとででゆるしてください。
あとZかいとドうゼミを3ページずつ
やるつもり📖
♯ゆるしてください!!

＊堂々とした「友だちと遊ぶ宣言」からの〜「宿題あとまわし」懇願

第 2 章 "ザンネン友だち" ワン太のザンネン

合宿ノート

> 2-4-1
> よかった所：少しドリブルができた所。
> 悪かった所：ぜんぜんドリブルができなかった所。エラシコをしようとしなかった所。パスばっかりしていた所。ルックアップをしていなかった所。びみょうなパスをしていた所。びびっていた所。
>
> 2し合目 FSC vs 車ノ王子
> よかった所：4・5回ルックアップができた所。
> 悪かった所：ぜんぜんルードリブルができなかった所。パスばっかりしていた所。びみょうなパスをしていた所。びびっていた所。
> エラシコやハーレットなどをしようとしなかった所。
> OFFENCE (攻撃) まとめ
> 体形でぐにゃぐにゃしないで、かまわずドリブルする人ばかり

> 合宿
> 7月25日（午前）
> よかった所：センタリングをうまくできた所。
> リフティングを104回できた所。
> 悪かった所：ドロップキックがうまくできなかった所。
> あしたの目標：ドロップキックをうまくできるようにする。
>
> （午後）
> よかった所：1回オーバーラップをしたこと。
> 悪かった所：オーバーラップができなかったこと。はんだんがおそかったこと。マークをはずしてしまって、その人にわたって相手の点になったこと。

ドリブルが少し、オーバーラップが1回
できたのはよかったところ。
ドリブルもオーバーラップも、
ぜんぜんできなかったのが悪かったところ。
いいところと悪いところは表裏一体。

無人島

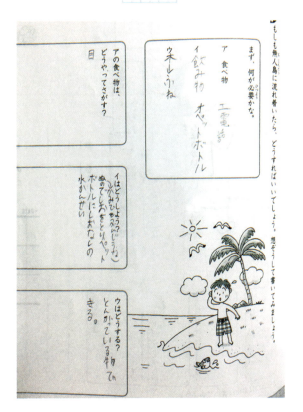

もしも無人島に流れ着いたら、どうすればいいでしょう。想ぞうして書いてみましょう。

まず、何が必要かな。

ア 食べ物
イ 飲み物 ペットボトル
ウ 木 しゅりね
エ 電話

アの食べ物は、どうやってさがす？

目

イはどうしよう？（かみがや小じゅうな）ぬのでしおをとりペットボトルにしおなしの水かんせい

ウはどうする？とんがっている物でれきる。

生きていけそうなイメージが
全くわかない……。

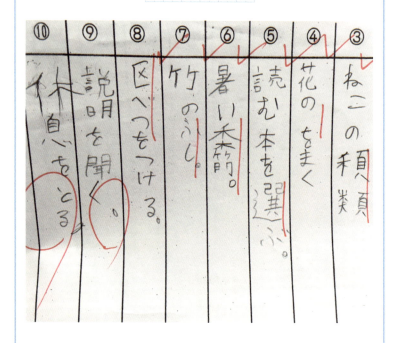

どれもこれも、ビミョーで、
味わい深い間違いばかり。
⑥はよくぞ思いついたなあと逆に感心。

第3章 そしてザンネンな仲間たち

ターくん 小学5年生。常に温厚で冷静なお兄ちゃんキャラ。サッカーだけでなく勉強も頑張る努力の男。

ソウ 小学1年生。キュートなルックスとは裏腹に、怒ると牙を剥いてお兄ちゃんグループをビビらせる暴れんぼうザンネン。

マーくん ターくんの弟。小学3年生。ほっとけないムードで、ママたちを自由に操る甘えんぼうザンネン。

チビソウタ 小学3年生。兄ダイチは小5チームの同級生で、サッカーチームのスター。兄に似てスポーツ万能だが、勉強はザンネン。

パンくん 小学5年生。美人の姉を持つ、癒し系ザンネン。動物をこよなく愛すが、超がつくほどマイペース。

リク 小学5年生。綾野剛似のクール・ザンネン。ふだんはおとなしいのに、カラオケとドッジボールのときはライオンキャラに豹変する。

PKが死ぬほど苦手なワン太とリス太。
ある日のPK練習で珍しく成功させたとき、
「よかったね！」とワン太母が声をかけたところ……。
「オレ、なんかわかったかも…。
コツというか、なんかそういうのわかった気がする！
あのね、リス太が失敗したらオレも失敗する
リス太が成功したらオレも成功する。
今日リス太が先に成功したんだよ。
だからオレ成功した気がする！！」

ワン太母

> よかったね、ワン太。
> 幸せなワン太…（涙）

第3章 そしてザンネンな仲間たち

一致団結

ひとりっ子のリス太、ワン太を筆頭に、
基本さびしんぼうのザンネン隊。
楽しいことは共有したい、
リス太だけが、パンくんちに行くなんて寂しすぎる！
ってことで解散拒否してパンくんちにゾロゾロ同行。
その後は、ますます楽しくなり、もはやパンくんちから
帰りたくなくなってしまったザンネン隊のみなさんは……。

この土下座が功を奏し(？)、
この日の晩はみんなでパンくんちにお泊まりすることに。
ザンネン隊、ささやかな成功体験(笑)。

 パンくん母

> パパが帰ってきてびっくりしてたわ〜。
> なんか、いっぱいいる！って（笑）

パンくんが来ない、とリス太から
電話がかかってきたのは、
待ち合わせから1時間後……って、どんだけ我慢強い？
「中ってもしかしたら、プールの水の中のことかなあ？」
って、あんたら、魚か！
そして、どうやら超マイペースなパンくんは、
15分ほどで見切りをつけ、
家に戻って、さっさと宿題を始めていたらしい……。

 パンくん母

ごめーん、私、外出してたから
帰ってきてるって知らなかったのよ～

2016年夏は、リオ・オリンピックの影響で
卓球にハマったザンネン隊。
部長のいない卓球部で活動を重ね、
「オレたち、卓球ヤバくね？」
と自画自賛していたものの、
ある日、サッカーチームのエースを誘ってみたところ、
フツーにうまくて、あっさり撃沈。
サッカーの神は、卓球も神だったのであーる。

 リス太母

なんかね、
切なかったよ……

言い間違いと勘違いが得意なリス太(P6-7参照)
そして、基本空耳アワーな男なので(同)、
会話が一向に進みません。
さらに言えば、質問の意図をくむのが苦手でもあります。
リス太「○○コーチって、知り合いがたくさんいるんだよ」
母「すごいねえ。そういう人をなんていうか知ってる？」
リス太「えーっとねえ、カメラマン？」
10歳9ヶ月現在の会話でございます。

ターくん母

リス太のダーリンエピソード
思い出すたびに笑っちゃう〜

練習の前や休みの日には、
近所のグランドでいつもボールを蹴ってるワン太。
ザンネン隊メンバーは
それぞれ通っている小学校が違うため、
学校方面の情報が共有できずに起こった、
土曜日の悲劇。
ちなみに、振替休日にもかかわらず、
はりきって登校した経験もある模様。

 ワン太母

土曜授業ってわかりづらくて
嫌なんだけど✢ やるなら毎週やって！

第 3 章 そしてザンネンな仲間たち

バレンタイン

ザンネン隊員にもかかわらず(?)
そのクールで繊細なムードで
何気に女子にモテてるリク。
とはいえ、お返しが手作りお菓子という発想って
どうなんでしょうか???
今どきの男子は、手作りが熱いのか!?

 リク母

それをもらう女子より先に、
私がドン引きだから！

どうやら、学校の授業で「ディベート」をやって
なかなか楽しかったらしい。
でもね、やっぱり、
ディベートするにはテーマがなくちゃね。
勘違い発言は多いものの、
ふだん、決して口数は多くないリス太の
意外な提案に正直驚きましたが、
やはり無事、ザンネンに着地。

 リク母

「ディベート」って言葉を
使ってみたかっただけじゃない？

第 3 章　そしてザンネンな仲間たち

カギ 1

「カギを閉めずに外出」→「母激怒」は、
ザンネン隊にとっては
オーソドックスなエピソード。
ムダに働いたターくんが気の毒ですが、
やさしいターくんは、マーくんのみならず、
ザンネン隊みーんなのおにいちゃん的存在。
そして、よくよく考えたら
いつも冷静で頼りになるターくんって
全然ザンネンじゃないのに、
しれっとザンネン隊に入れられちゃってるところが、
やはり、なんかザンネンなのである。

 ターくん母

> ホントにマーはいろいろ
> 危機感がなさすぎ！って
> 怒ってたら、ターが冷静に、
> 「ママに似てるよね」って♡

第3章 そしてザンネンな仲間たち

カギ2

親切でやさしいリス太。
友だちのためなら全力のリス太。

だけど……

ザンネン(チーン)。

> 玄関のドアが似てるから
> 大丈夫だと思った(涙)

チビソウタの日記

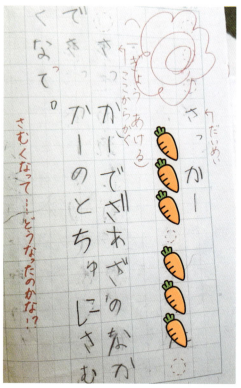

年下のザンネン友だち、チビソウタ。
サッカーは超うまいけど、
なかなかのザンネンぶりである。
先生のツッコミはごもっとも。

マーくんの日記？

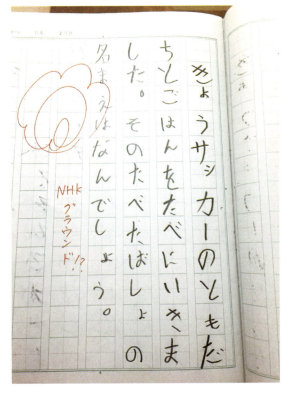

日記の宿題がなぜか、
なぞなぞになってる……。
そして、サッカー男子は
常に外にいると思ってるのか、先生？

財のつく漢字

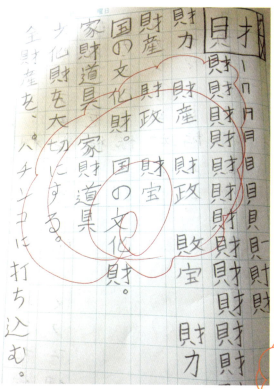

リクの作品。

息子の例文で暴露される家族の秘密。

くれぐれも
きをつけ
ましょう

八がつくもの

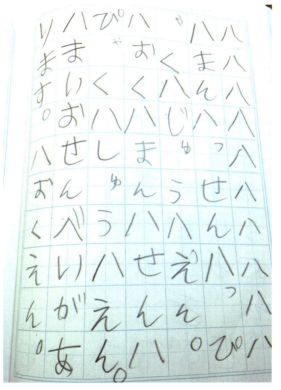

リクの弟ソウの作品。
「八まいのおせんべい」から「八おくえん」へ
唐突な展開。「八おくえん」がパチンコに
打ち込まれませんように……。

きんぎょ祭り

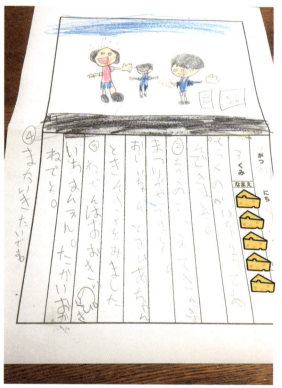

こちらもリクの弟ソウの作品。「おおきいの いっぴきいちまんえん。たかいおかねでした。」 ここんちの子は、何かと金銭がらみのネタを ぶっこむ傾向あり。

マーくんの願い

自分はっけん インタビューカード

2月1日(水)　名前

お父さん にインタビュー！

● いつごろ

入学式

● どんな ようす だったか

早く学校にいきたい。ランドセルを早くせよいたいようすでした。

● どんな ことを 思ったか

早く学校に行きたかったんだと思います。

● 今の わたしへの メッセージ

学学校行きたい。

おちついて こたえましょう

すべての答えが「学校に行きたい」。
で、最後は力尽きて間違える。

チビソウタの願い

なにもこんな隅っこに書かなくても（笑）。
スペースを広くとったパターンでしょうか？

ザンネン隊員、移動教室のお土産図鑑

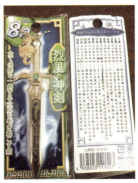

なんというか、全体的に……渋っ！
神頼み系＆キーホルダーに目がない人たち。
締めのページも、地味にザンネン（涙）。

おわりに

　息子リス太のランドセルの中から出てくる、プリントや、テストの答案や、ノートの中からは、日々さまざまなザンネンが発見され、それがあまりにおもしろくて、写真に撮っては、フェイスブックなどにアップしては地味に楽しんでおりました。

　幸せなことにリス太はたくさんのお友だちに恵まれましたが、あるとき、たまたま集った仲間たちに同じ匂いを感じ、その母たちにより勝手に結成されたのが「ザンネン隊」。ザンネン隊母たちのグループLINEでは、我が子の「ザンネンエピソード」を交換し合っては、じわっとくる笑いを日夜楽しんでおります。

　伊藤まさこさん・渡辺有子さんの『おいしくてかわいい』という本が私は大好きだったのですが、ザンネンな息子というのは、まさに「ザンネンでかわいい」存在で、つまり「ザンネン」と「かわいい」は紙一重。だからこそ、テストで100点が取れなくても、「ザンネンだけど、ま、いっか」と、おおらかに見守ることができたのだと思います。

　でも、何がザンネンって、子どもの年齢が上がるにつれて、「ザンネン」が減っていくこと。そして、「ザンネン」をザンネンだと笑えない状況も生まれてくることです。未だそれなりに高い「ザンネン偏差値」を維持しているリス太でさえも、ザンネンな答案も

エピソードも以前に比べたら、格段にその数が減っています。それを寂しいと思う一方で、いざテストでのザンネンな回答を目にすると、かわいいというより、むしろ心配のほうが大きくなってしまうのです。

　だからいま、心から思います。

　我が子の「ザンネン」を楽しませてもらえるのは本当に限られた時間だけ。だからこそ、「かわいいザンネン」というのは、かけがえのない幸せな記憶になるのです。もしも、この本を読んでくださった皆さんの前に、「かわいいザンネン」があるのなら、その「ザンネン」を愛おしみ抱きしめておくことをおすすめします。

　最後になりましたが、今回、書籍化のお声掛けをくださった方丈社の小村琢磨さん、かわいいマンガやイラストを書いてくださったイラストレーターのmyさん、素敵な装丁に仕上げてくださったalbireoさん、本当にありがとうございました。

2016年12月
自分が隊員であることもおそらく知らない
ザンネン隊のみんなに愛を込めて
ザンネン隊マミーズ　リス太母

ザンネン隊マミーズ

小学生男子のリス太とザンネンな仲間たちで構成される
「ザンネン隊」のママ友LINEグループ。
わが子の勉強、運動、遊びのすべてのザンネンぶりを、
日々、お互いが発表し、グチりあい、笑い合いながら、
「ザンネン男子とは何か」を鋭意追求している。

[マンガ・イラスト]
my

[ブックデザイン]
albireo

それゆけ！ザンネン男子

2016年12月29日　第1版第1刷発行

[著者]
ザンネン隊マミーズ

[発行人]
宮下研一

[発行所]
株式会社方丈社
〒101-0051 東京都千代田区神田神保町1-32 星野ビル2階
tel.03-3518-2272／fax.03-3518-2273
ホームページ http://hojosha.co.jp

[印刷所]
中央精版印刷株式会社

・落丁本、乱丁本は、お手数ですが小社営業部までお送りください。
　送料小社負担でお取り返します。
・本書のコピー、スキャン、デジタル化等の無断複製は著作権法上での
　例外を除き、禁じられています。本書を代行業者の第三者に依頼して
　スキャンやデジタル化することは、たとえ個人や家庭内での
　利用であっても著作権法上認められておりません。

©Zannentaimamys, HOJOSHA 2016 Printed in Japan
ISBN978-4-908925-05-4